HAL LEONARD
MÉTHODE DE GUITARE 1
DEUXIÈME ÉDITION
PAR WILL SCHMID

Pour y accéder, utilisez l'adresse suivante:
www.halleonard.com/mylibrary

Enter Code
5490-8083-5833-0933

Livre: ISBN 978-0-634-08720-2
Livre/audio: ISBN 978-0-634-09641-9

7777 W. BLUEMOUND RD. P.O. BOX 13819 MILWAUKEE, WI 53213

Visitez le site Hal Leonard Online sur
www.halleonard.com

VOTRE GUITARE

Ce livre est conçu pour être utilisé avec tout type de guitare - acoustique à cordes en acier, classique à cordes en nylon, ou électrique. Tous ces types de guitares s'adaptent à une large palette de styles musicaux.

GUITARE À CORDES EN ACIER

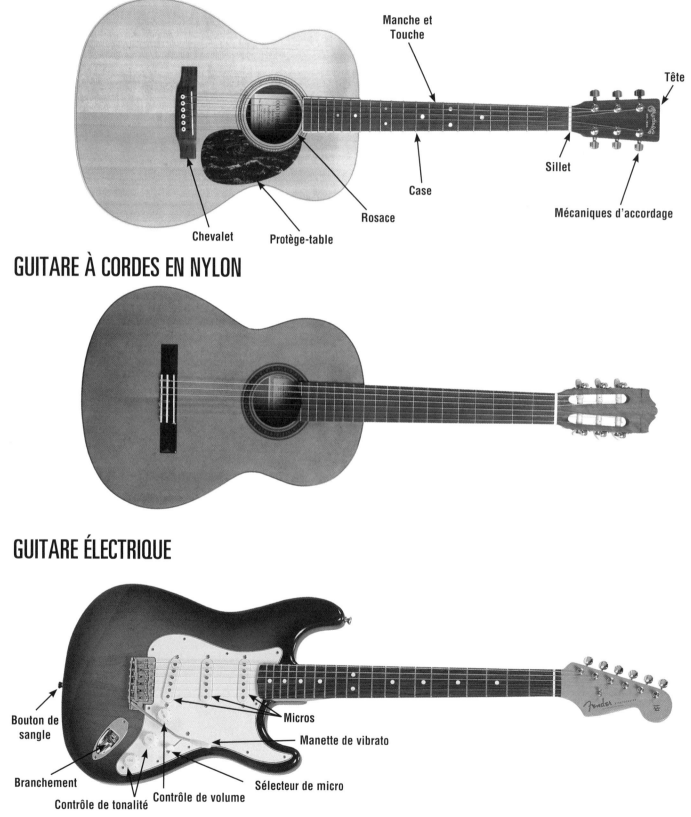

Manche et Touche

Tête

Sillet

Case

Rosace

Mécaniques d'accordage

Chevalet

Protège-table

GUITARE À CORDES EN NYLON

GUITARE ÉLECTRIQUE

Bouton de sangle

Micros

Manette de vibrato

Branchement

Sélecteur de micro

Contrôle de tonalité

Contrôle de volume

Si vous utilisez un guitare « solid-body » ou une électro-acoustique, veillez de temps en temps à l'utiliser avec un amplificateur.

ACCORDAGE

ACCORDAGE AVEC LE AUDIO

PISTE 1

L'accordage de votre guitare consiste à ajuster (hauteur de son plus aiguë ou plus grave) chaque corde en tournant la mécanique y correspondant. Tendre une corde élève la hauteur, et la détendre l'abaisse.

Les cordes sont numérotées de 1 à 6, à commencer par la corde la plus fine, celle qui se trouve au plus près de votre genou. Accordez chaque corde l'une après l'autre (commencez par la première) en vous référant à la hauteur correcte fournie par piste 1, et tournez lentement la mécanique d'accordage jusqu'à ce que le son de la corde s'ajuste sur celui du audio.

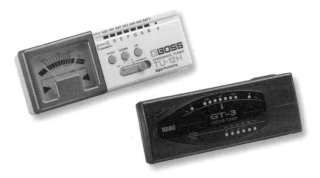

Mécaniques d'accordage

ACCORDAGE AVEC UN ACCORDEUR ÉLECTRONIQUE

Un accordeur électronique évalue seulement la hauteur d'un son, et ne vous dit pas si celle-ci est correcte. En attendant que votre oreille soit bien accoutumée à entendre les hauteurs, l'accordeur est un moyen sûr de vous accorder correctement. Il existe de nombreuses sortes d'accordeurs, et tous sont fournis avec des instructions d'emploi détaillées.

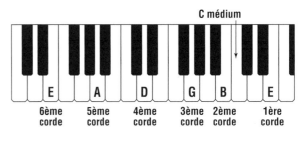

ACCORDAGE AVEC UN CLAVIER

Si vous possédez un piano ou un clavier électrique, jouez la touche correcte (voir diagramme) et tournez lentement la mécanique d'accordage correspondante jusqu'à ce que le son de la corde s'ajuste à celui du clavier.

UNE AUTRE FAÇON DE S'ACCORDER

Pour vérifier ou corriger votre accordage quand aucune source de hauteur n'est disponible, procédez ainsi :
- En supposant que la sixième corde est accordée correctement sur le E (Mi),
- Frettez la sixième corde à la 5ème case. C'est la hauteur du A (La) à laquelle vous devez accorder votre cinquième corde. Jouez la sixième corde à vide et la cinquième corde avec votre pouce. Quand les deux sons s'ajustent, vous êtes accordé.
- Frettez la cinquième corde à la 5ème case et accordez la quatrième corde sur elle : même procédure que pour accorder les cinquième et sixième cordes.
- Frettez la quatrième corde à la 5ème case et accordez la troisième corde sur elle.
- Pour accorder la deuxième corde, frettez la troisième corde à la 4ème case et accordez la deuxième corde à vide sur elle.
- Frettez la deuxième corde à la 5ème case et accordez la première corde sur elle.

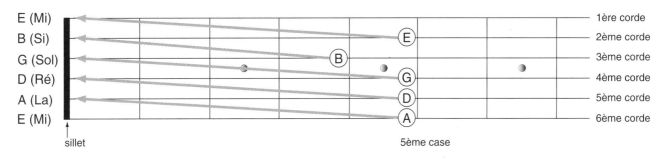

On nomme ceci **l'accordage relatif** parce que les cordes sont accordées les unes par rapport aux autres.

POSITION DE JEU

Il y a plusieurs de manières de tenir la guitare confortablement. À gauche, vous pouvez voir une position assise typique, et à droite la position debout. Veillez à pratiquer assis comme debout. Observez les conseils généraux suivants concernant votre position de jeu :

- Positionnez votre corps, vos bras et jambes de façon à éviter toute tension.

- Si vous sentez cette dernière arriver en jouant, vous devez modifier votre position.

- Inclinez le manche vers le haut, jamais vers le bas.

- Gardez le corps de la guitare aussi vertical que possible. Évitez d'incliner le sommet de la guitare pour essayer de mieux voir ce que vous faites. Équilibrez votre poids uniformément de gauche à droite. Tenez-vous droit (mais sans raideur).

Les doigts de main gauche et droite sont numérotés de 1 par 4 (pianistes : notez que le pouce ne se nomme pas 1). Placez le pouce derrière le manche, en opposition avec le 2ème doigt. Évitez d'enrouler la main autour du manche.

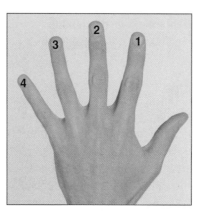 

Ces photos montrent la façon de tenir tenir un médiator et celle que doit adopter la main droite par rapport aux cordes. Veillez à ce que vos doigts restent souples et détendus tout en jouant.

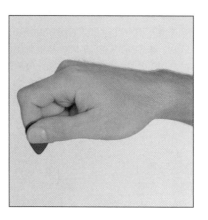 

LES SYMBOLES MUSICAUX

La musique est écrite avec des **notes** sur une portée. Le **portée** admet cinq lignes et quatre espaces entre les lignes. La position d'une note sur la portée détermine sa **hauteur** (aigus ou graves). Au début de la portée se trouve un signe que l'on nomme **clef**. La musique pour guitare est écrite en clef de Sol.

PORTÉE   **CLEF DE SOL**

Chaque ligne et espace de la portée possède un nom. Les **lignes** se nomment (de bas en haut) E-G-B-D-F (Mi-Sol-Si-Ré-Fa). Les **espaces** se nomment (de bas en haut) F-A-C-E (Fa-La-Do-Mi).

LIGNES   E G B D F   **ESPACES**   F A C E

La portée est subdivisée en barres de mesure. L'espace entre deux barres est appelé **mesure**. Pour terminer un morceau de musique, on inscrit une double barre sur la portée.

MESURE

BARRES DE MESURE

BARRE DE MESURE   BARRE DE MESURE   DOUBLE BARRE

Chaque mesure contient un ensemble de **temps**. Les temps constituent la pulsation stable de la musique, ce sont eux que vous marquez quand vous battez avec votre pied.

Les deux chiffres figurant juste après la clef indiquent l'assise rythmique.
Le premier chiifre indique combien de temps contient une mesure.

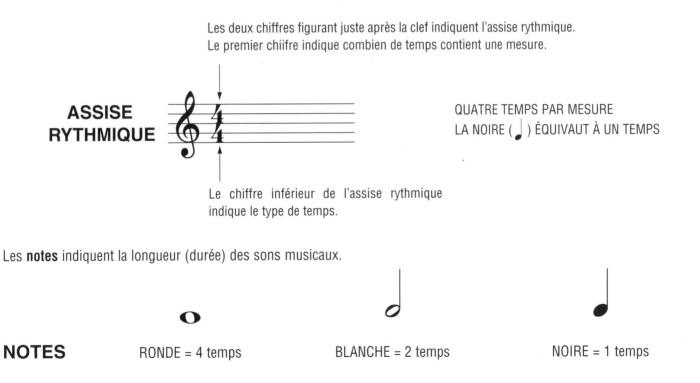

ASSISE RYTHMIQUE

QUATRE TEMPS PAR MESURE
LA NOIRE (♩) ÉQUIVAUT À UN TEMPS

Le chiffre inférieur de l'assise rythmique indique le type de temps.

Les **notes** indiquent la longueur (durée) des sons musicaux.

NOTES   RONDE = 4 temps   BLANCHE = 2 temps   NOIRE = 1 temps

Les différentes sortes de notes placées sur des espaces ou des lignes différentes renseignent le musicien sur la hauteur et la durée des sons qu'il doit jouer.

NOTES SUR LA PREMIÈRE CORDE

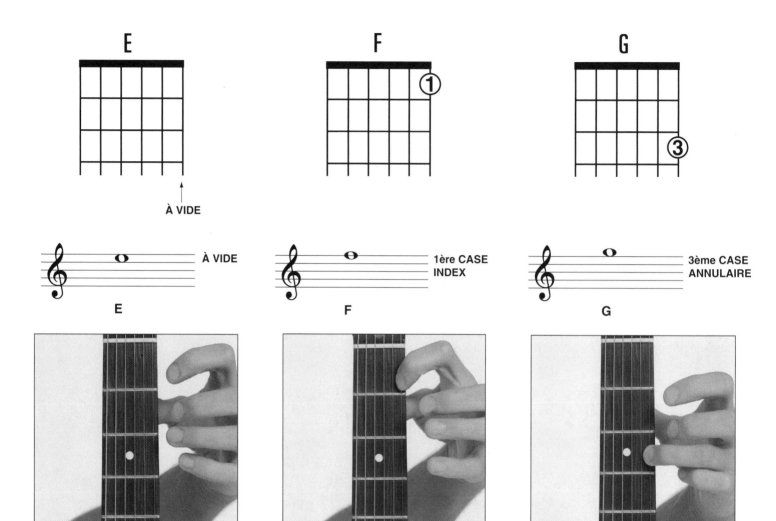

E — À VIDE

F — 1ère CASE INDEX

G — 3ème CASE ANNULAIRE

Ce signe (⊓) indique qu'il faut attaquer la corde d'un mouvement de médiator appliqué vers le bas.

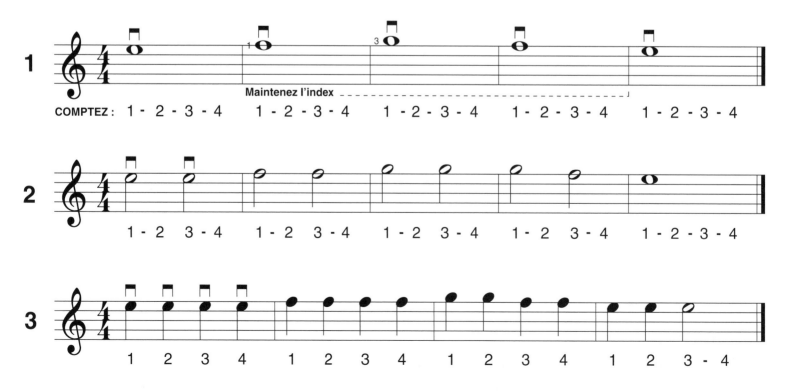

1
COMPTEZ : 1 - 2 - 3 - 4   1 - 2 - 3 - 4   1 - 2 - 3 - 4   1 - 2 - 3 - 4   1 - 2 - 3 - 4

Maintenez l'index

2
1 - 2   3 - 4   1 - 2   3 - 4   1 - 2   3 - 4   1 - 2   3 - 4   1 - 2 - 3 - 4

3
1   2   3   4   1   2   3   4   1   2   3   4   1   2   3 - 4

Au début, pratiquez les exercices lentement et régulièrement. Lorsque vous parvenez à les jouer correctement à vitesse lente, augmentez progressivement le tempo (vitesse).

Seul le bout des doigts doit entrer en contact avec les cordes.

Les doigts de main gauche doivent toujours dessiner une sorte de voûte au-dessus des cordes.

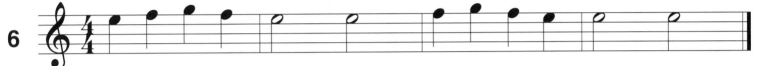

Certaines chansons dépassent la longueur d'une ligne de portée. Ainsi, quand vous atteignez la fin de la première ligne, continuez sur à la deuxième ligne sans vous arrêter. Les lettres grises placées au-dessus de la portée indiquent les accords que jouera votre professeur. Les numéros de mesure sont indiqués au début de chaque nouvelle ligne.

Avant de jouer, écoutez attentivement la mesure de décompte sur le audio.

NOTES SUR LA DEUXIÈME CORDE

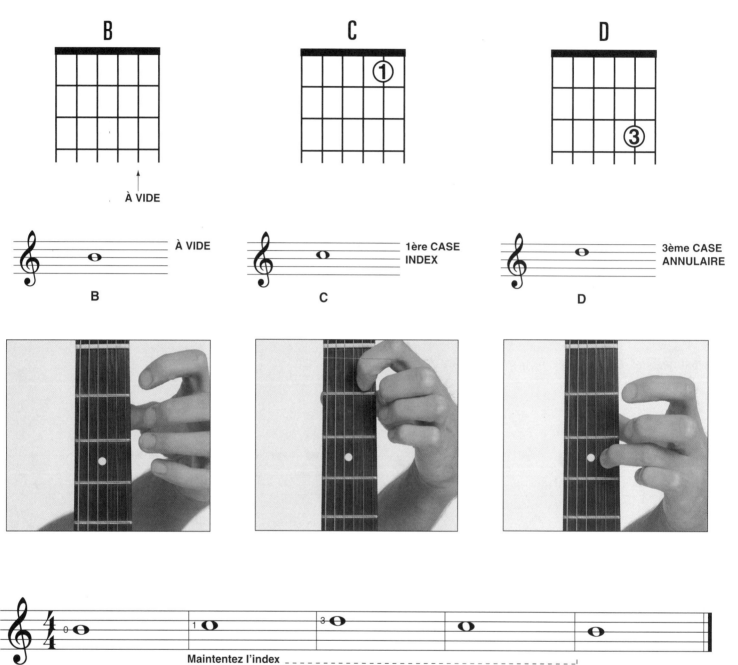

B — À VIDE

C — 1ère CASE / INDEX

D — 3ème CASE / ANNULAIRE

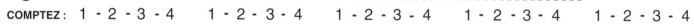

9 — Maintentez l'index

COMPTEZ : 1 - 2 - 3 - 4   1 - 2 - 3 - 4   1 - 2 - 3 - 4   1 - 2 - 3 - 4   1 - 2 - 3 - 4

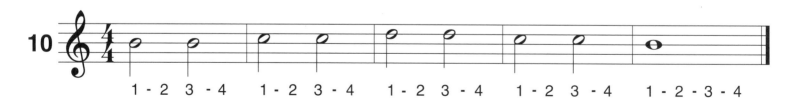

10 — 1 - 2   3 - 4   1 - 2   3 - 4   1 - 2   3 - 4   1 - 2   3 - 4   1 - 2 - 3 - 4

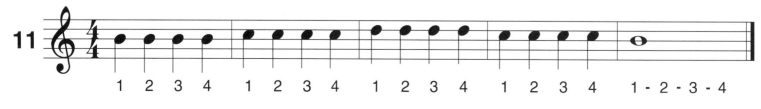

11 — 1   2   3   4   1   2   3   4   1   2   3   4   1   2   3   4   1 - 2 - 3 - 4

Les exercices doivent toujours être travaillés avec lenteur et régularité au début. Et une fois la maîtrise acquise à ce propos, augmentez progressivement le tempo, la vitesse d'exécution. Si certaines des notes que vous jouez sont incertaines ou inaudibles, déplacez légèrement votre doigt main gauche jusqu'à obtenir un son propre.

PASSER D'UNE CORDE À UNE AUTRE

Vous avez maintenant appris six notes, trois sur la première corde et trois sur la deuxième corde. Dans les exercices suivants, vous aller passer de corde en corde. Tandis que vous jouez une note, regardez quelle est celle qui vient juste ensuite et placez vos doigts dans la position adéquate.

WORLD BEAT

PISTE 4

Les chansons que voici se jouent sur les cordes 1 et 2. Commencerz toujours lentement, puis augmentez progressivement le tempo. Les symboles d'accords en grisé utilisés tout au long de ce livre indiquent les accords que jouera votre professeur.

Certains morceaux du audio tels que « Ode à la Joie » sont enregistrées deux fois : à tempo lent, et à tempo plus rapide.

ODE À LA JOIE

Beethoven

PISTE 5
LENT & RAPIDE

BLUES

PISTE 6

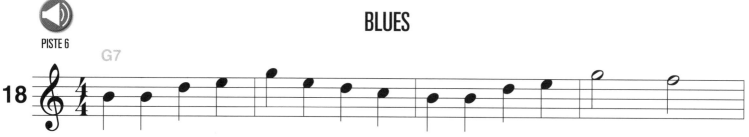

NOTES SUR LA TROISIÈME CORDE

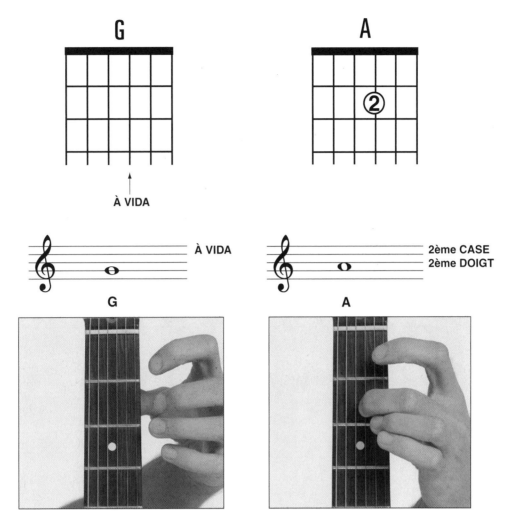

G

A

À VIDA

À VIDA

G

2ème CASE
2ème DOIGT

A

G

A

N'oubliez jamais d'arrondir les doigts au-dessus des cordes, de façon à ce qu'ils soient toujours prêts à attaquer chaque nouvelle note.

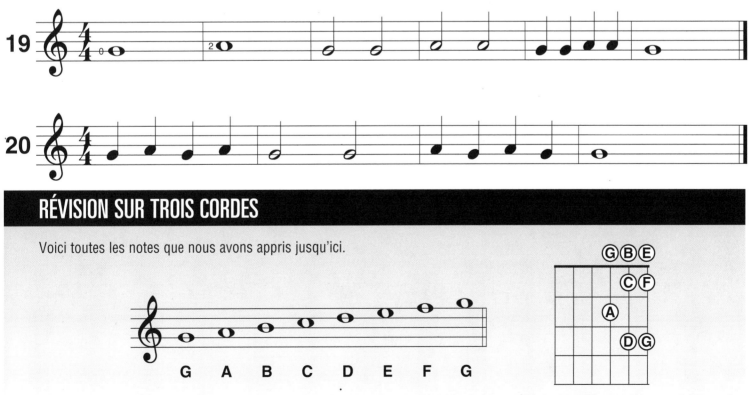

19

20

RÉVISION SUR TROIS CORDES

Voici toutes les notes que nous avons appris jusqu'ici.

G B E
C F
A
D G

G   A   B   C   D   E   F   G

Jouez ces notes en montant et en descendant. Puis jouez le G grave et le G aigu, et observez la différence de sonorité entre les deux. La distance entre deux notes différentes mais portant le même nom est appelée une **octave**.

Les chansons suivantes font usage de notes situées sur les cordes 1, 2 et 3.

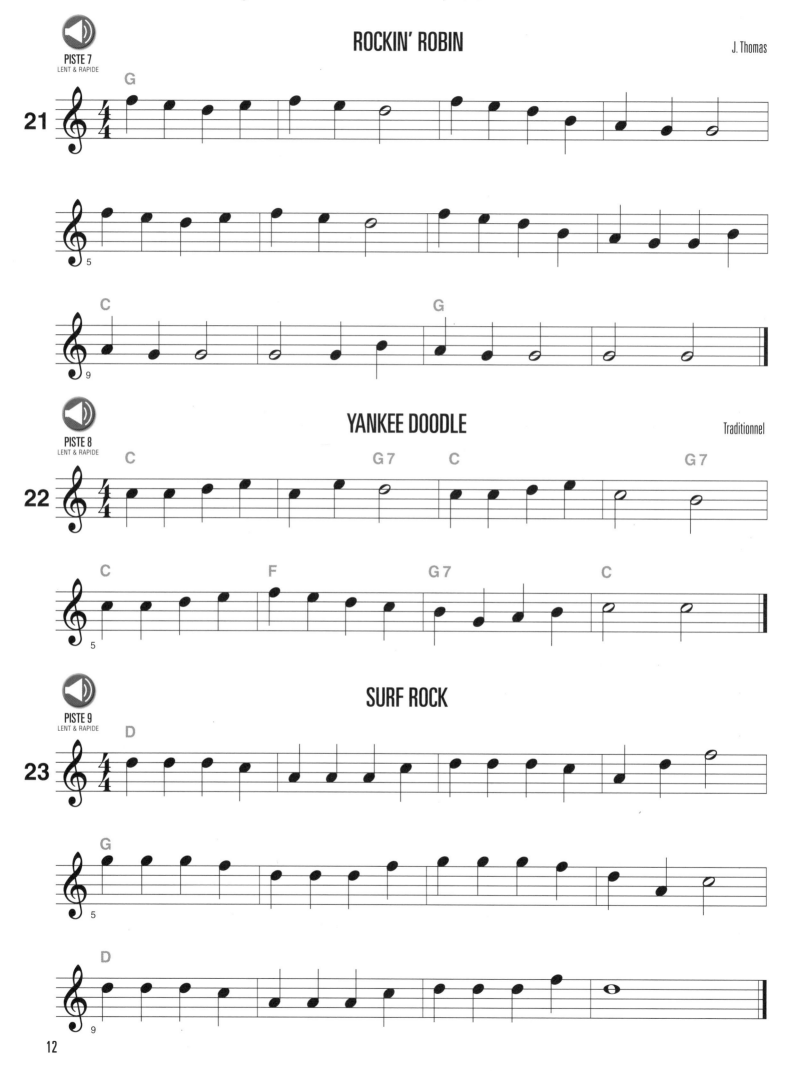

Un **duo** est une chanson qui se présente en deux parties à jouer simultanément. Pratiquez les deux parties du duo que voici. Demandez à votre professeur ou à un ami de le jouer vec vous, ou encore jouez l'une ou l'autre partie avec le audio.

AU CLAIR DE LA LUNE

France

PISTE 10

CONSEIL PRATIQUE

La pratique quotidienne est essentielle, peu importe à quel moment de la journée vous vous exercez. Pratiquez une heure demie chaque jour plutôt que deux heures tous les quatre jours.

NOTES SUR LA QUATRIÈME CORDE

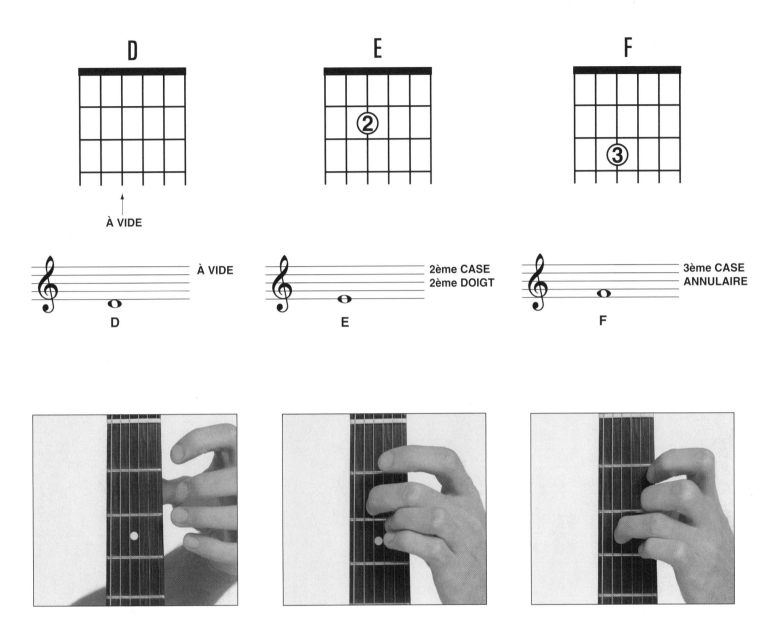

Pratiquez chaque exercice avec soin. Veillez à maintenir vos doigts bien au-dessus des cordes.

La musique ne commence pas toujours sur le premier temps. Quand vous démarrez après le temps 1, les notes survenant avant la première mesure constituent un ensemble nommé « **anacrouse** ». Voici deux exemples d'anacrouse. Comptez le temps manquant à voix haute avant de commencer à jouer.

Quand une chanson commence par un anacrouse, la dernière mesure sera raccourcie d'autant de temps qu'en compte celui-ci.

WORRIED MAN BLUES

Traditionnel

JEU EN ACCORDS

Un **accord** est un ensemble de plus de deux notes ou cordes jouées simultanément. Nous allons commencer par jouer des accords sur trois cordes avec seulement un doigt. Dans les accords ci-dessous, ne tenez compte des numéros de doigtés indiqués en grisé sur les cordes 4, 5 et 6 qu'à partir du moment où vous pouvez facilement jouer les versions avec un seul doigt.

Accord de C   ### Accord de G7

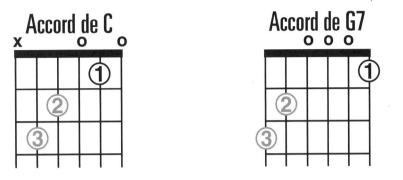

Examinez les diagrammes et, ci-dessous, les photographies qui les illustrent, lesquelles pourront être utilisées comme aide à la visualisation. Un « o » placé au-dessus d'une corde signifie que celle-ci doit être jouée « à vide » (aucun doigt n'intervient pour faire sonner la note). Un « X » placé au-dessus d'une corde indique que cette corde ne doit pas sonner.

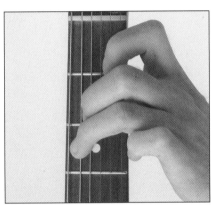 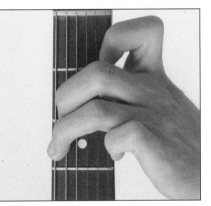

Avec le bout des doigts, appuyez sur les cordes tel qu'indiqué. Arrondissez vos doigts de manière à éviter de toucher les cordes qui doivent être jouées à vide. Actionnez les cordes avec une attaque de médiator dirigée vers le bas. Toutes les cordes doivent sonner simultanément, de façon bien compacte.

Pratiquez l'exercice suivant en attaquant à chaque fois qu'un signe de « slash » (/) est indiqué. Jouez bien régulièrement, et veillez à bouger vos doigts rapidement en passant d'un accord à un autre.

33

Appliquez maintenant cette attaque dans la chanson ci-dessous.

TOM DOOLEY

Traditionnel

PISTE 14

34

Essayons maintenant deux nouveaux accords : G et D7. Observez que l'accord de G peut être joué de deux manières différentes.

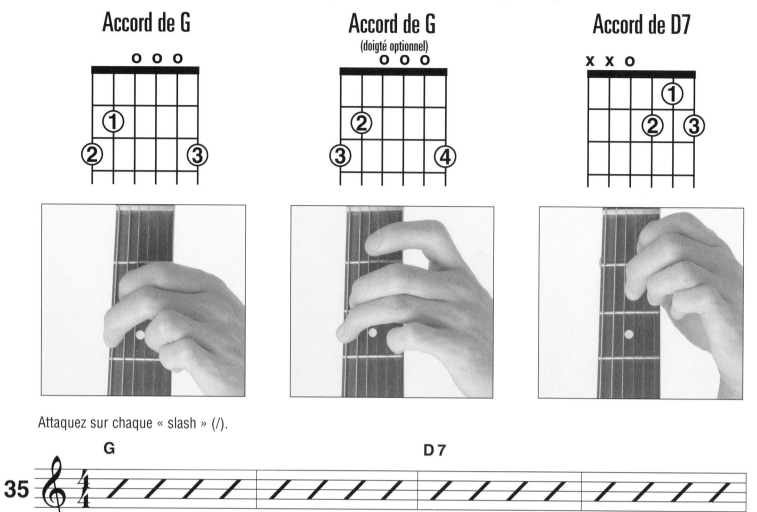

Accord de G

Accord de G
(doigté optionnel)

Accord de D7

Attaquez sur chaque « slash » (/).

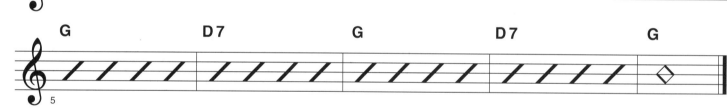

Revoyez le doigté de l'accord de C, puis pratiquez l'exercice 36 jusqu'à ce que vous puissiez le jouer parfaitement bien. En passant de l'accord de C à celui de D7, maintenez l'index en place.

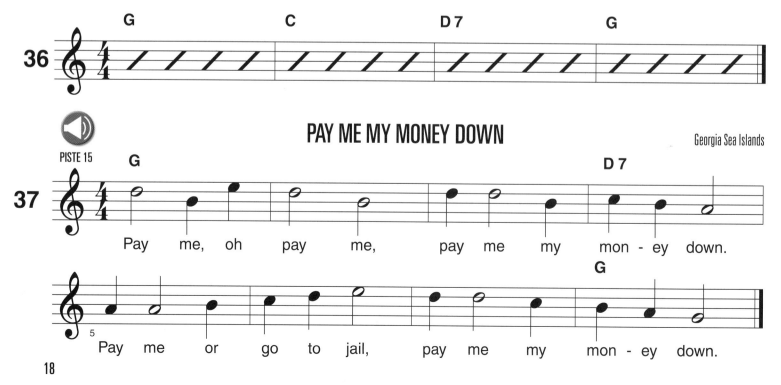

PAY ME MY MONEY DOWN

Georgia Sea Islands

PISTE 15

Pay me, oh pay me, pay me my mon-ey down.

Pay me or go to jail, pay me my mon-ey down.

18

Les exercices suivants utilisent les quatre accords que nous avons appris jusqu'ici. Ils sont réunis en un ensemble nommé **progression harmonique**.

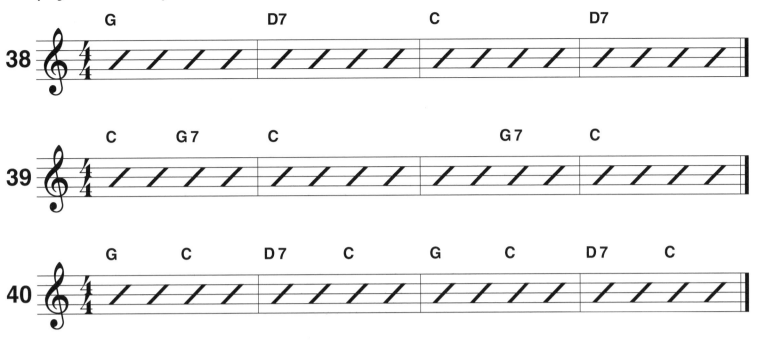

PASSER D'UN ACCORD À UN AUTRE

Quand vous jouez un accord, repérez le suivant et déplacez vos doigts de façon à effectuer exclusivement le mouvement nécessaire.

Pratiquez ces attaques d'accords en jouant la mélodie avec votre professeur ou un ami.

12-BAR ROCK

PISTE 16
LENT & RAPIDE

Vous pouvez aussi jouer les accords de G, C et D7 sur le morceau « Worried Man Blues » de la page 16.

LES LIAISONS

Une ligne courbe qui relie deux notes de même hauteur est appelée une liaison. La première note est attaquée et tenue durant la valeur des deux notes en cause. La deuxième note ne doit pas être ré-attaquée. Examinez l'exemple suivant de notes liées.

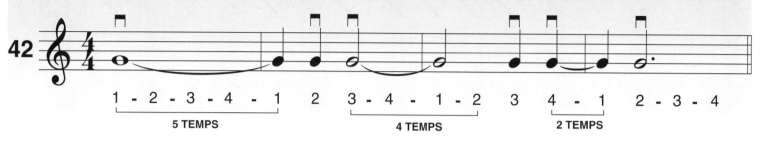

Pratiquez la mélodie et les accords de ces morceaux.

AMAZING GRACE

PISTE 17

Traditionnel

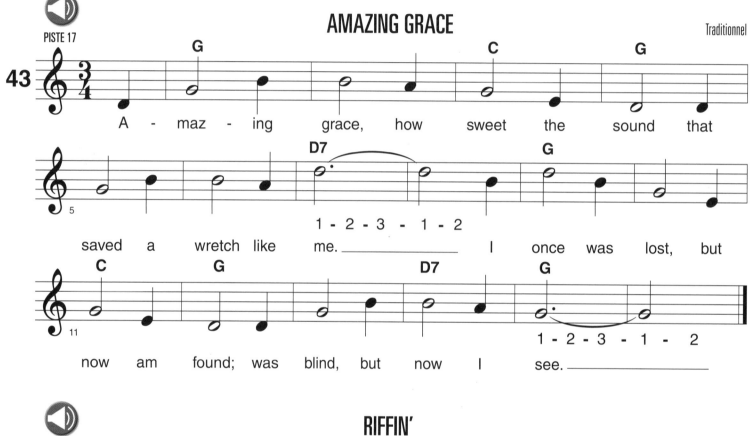

A - maz - ing grace, how sweet the sound that

saved a wretch like me. _____ I once was lost, but

now am found; was blind, but now I see. _____

RIFFIN'

PISTE 18
LENT & RAPIDE

NOTES SUR LA CINQUIÈME CORDE

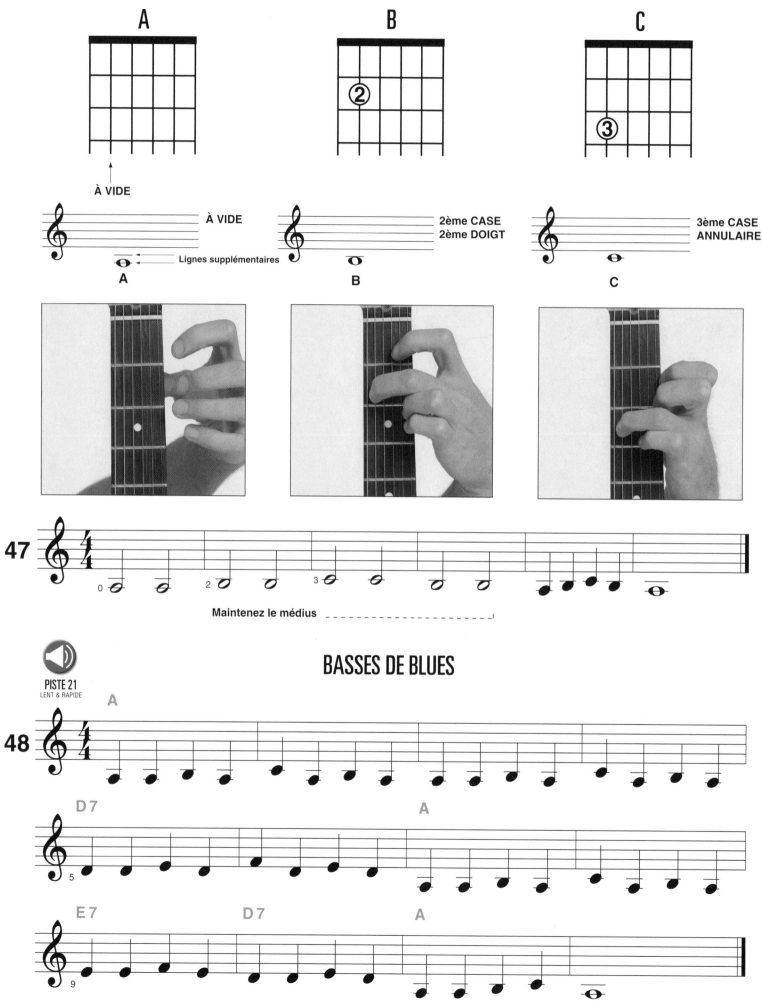

A — À VIDE

B — 2ème CASE / 2ème DOIGT

C — 3ème CASE / ANNULAIRE

Lignes supplémentaires

47 — Maintenez le médius

PISTE 21
LENT & RAPIDE

BASSES DE BLUES

48

A

D 7   A

E 7   D 7   A

Pratiquez ces mélodies célèbres jusqu'à être parfaitement à l'aise. En les jouant, veillez à repérer par avance les notes qui y surviennent.

JOSHUA FOUGHT THE BATTLE OF JERICHO

Spiritual

PISTE 22
LENT & RAPIDE

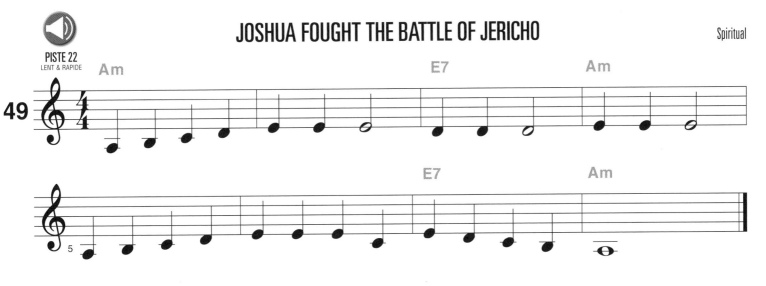

GREENSLEEVES

England

PISTE 23
LENT & RAPIDE

NOTES SUR LA SIXIÈME CORDE

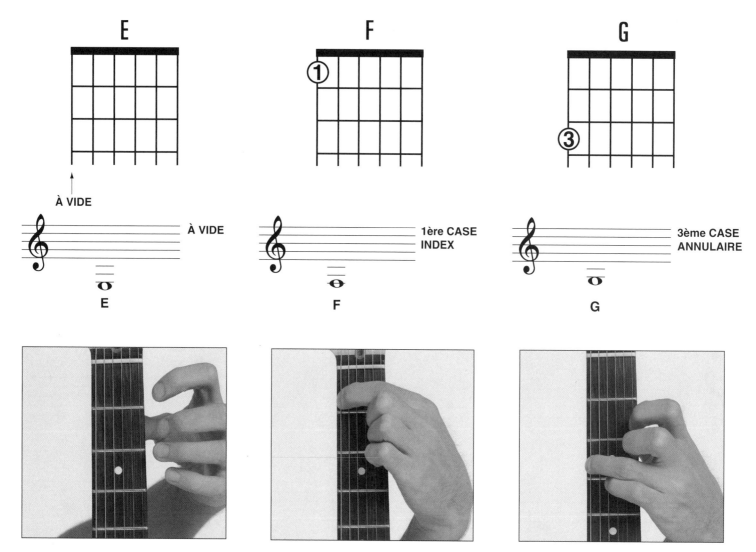

E   À VIDE   À VIDE   E

F   1ère CASE   INDEX   F

G   3ème CASE   ANNULAIRE   G

Après avoir pratiqué ces exercices, inscrivez les noms correspondant à chaque note.

Maintenez l'index

DOO-WOP

GIVE MY REGARDS TO BROADWAY

George M. Cohan

BASS ROCK

TONS ET DEMI-TONS

La distance entre les notes est comptée en tons et demi-tons. Sur votre guitare, la distance qui va d'une case à une suivante équivaut à un demi-ton, et celle qui couvre deux cases équivaut à un ton.

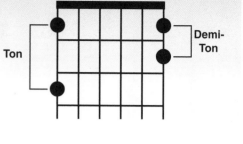

LE F DIÈSE (F#)

Quand un **dièse** (#) est placé devant une note, celle-ci est haussée d'un demi-ton, soit une case plus haut. Le dièse affecte toutes les notes de même hauteur qui peuvent survenir dans une mesure. Voici trois F# qui appparaissent sur le manche :

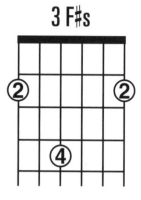

3 F#s

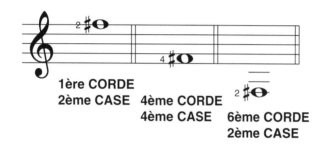

1ère CORDE
2ème CASE   4ème CORDE
4ème CASE   6ème CORDE
2ème CASE

Pratiquez chacun de ces exercices de doigté plusieurs fois.

PISTE 27

DANNY BOY (LONDONDERRY AIR)

Ireland

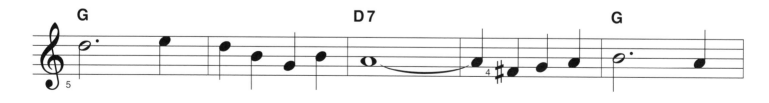

26

LES ARMURES

Plutôt que d'écrire un dièse devant chaque F dans une chanson, ce dièse est placé une fois pour toutes au début de la portée. Ceci se nomme une **armature** et indique que chaque F dans la chanson doit sonner F#. Dans « Shenandoah », une flèche vous indiquera systématiquement la venue d'un F#.

SHENANDOAH

Sea Shanty

PISTE 28

Oh Shen - an - doah — I long to see you, — A -
way — you roll - ing riv - er, — Oh Shen - an - doah —
— I long to see you, — A - way — we're bound a -
way — a - cross the wide Miss - ou - ri. —

SPY RIFF

PISTE 29
LENT & RAPIDE

LES SILENCES

Les **silences** musicaux sont les moments où l'on ne joue aucune note. Chaque type de note (durée) possède son équivalent-silence.

Ronde	Blanche	Noire
4 temps	2 temps	1 temps

Un silence nécessite souvent que vous stoppiez le son des cordes avec votre main droite, comme illustré dans la photographie ci-contre. Ce procédé se nomme **étouffement de corde** : votre paume de main droite vient toucher les cordes. Évitez ici tout déplacement superflu.

En jouant les exercices suivants, qui contiennent à la fois des notes et des silences, comptez à voix haute en numérotant les notes et en prononçant la syllabe « Sil... » à l'endroit de chaque silence.

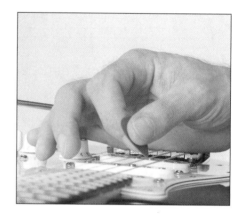

61

COMPTEZ : 1   2   3   Sil...   1   Sil...   3   Sil...   Sil...   2   3   4   1 - 2   Sil... Sil...

La lettre **S** est employée à la place du mot « silence ».

62

1   2   S   S   S   2   3   4   S   S   S   S   1   S   3   4   1 - 2 - 3   S

PISTE 30

DEEP BLUE

63

5

28

RED RIVER VALLEY

Chanson de Cowboy

Come and sit by my side if you love me.

Do not has - ten to bid me a - dieu.

But re - mem - ber the Red Riv - er Val - ley,

and the cow - boy who loved you so true.

TWANG

Dans la mesure à $\frac{3}{4}$, le silence de ronde vient combler la mesure entière.

ROCK 'N' REST

LES CROCHES

Une **croche** dure la moitié d'une noire, soit un demi-temps dans les mesures à $\frac{3}{4}$ et $\frac{4}{4}$.

1 Noire = 2 Croches

Une croche s'écrit avec un petit crochet attaché à la hampe. Lorsqu'il en survient plusieurs d'affilée, elles sont reliées par un trait.

♪ ou ♫ ou ♬

Pour compter les croches, divisez le temps en deux, et dites « et » entre chaque temps. Comptez la mesure ci-contre à voix haute tandis que votre pied bat la mesure.

Quand elles surviennent sur le temps, les croches sont jouées au moyen d'une attaque de médiator dirigée vers le bas (⊓), et inversements vers le haut lorsque la croche survient sur un « et ». On appelle cela le jeu de médiator **aller-retour**.

En jouant l'exercice suivant, utilisez l'aller-retour pour toutes les croches, et uniquement des attaques aller sur les noires. Pratiquez lentement et de façon bien régulière au début ; puis augmentez progressivement la vitesse.

La double barrre accompagnée de deux points (:|) est un **signe de reprise** qui commande de jouer la musique une deuxième fois.

SEA SHANTY

PISTE 34
LENT & RAPIDE

FRÉRE JACQUES

France

PISTE 35
LENT & RAPIDE

Fré - re Jac - ques, Fré - re Jac - ques, dor - mez vous? Dor - mez vous?
Are you sleep - ing? Are you sleep - ing? Broth - er John, Broth - er John,

Son - nez les ma - tin - es, son - nez les ma - tin - es, din, din, don; din, din, don.
Morn-ing bells are ring-ing, morn-ing bells are ring-ing, ding, dong, ding; ding, dong, ding.

SNAKE CHARMER

PISTE 36
LENT & RAPIDE

Essayez de jouer « Snake Charmer » à nouveau, cette fois sur la troisième corde, et laissez-vous guider par votre votre oreille.

THE STAR-SPANGLED BANNER

Key/Smith

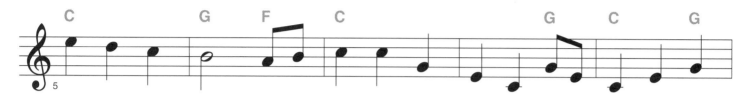

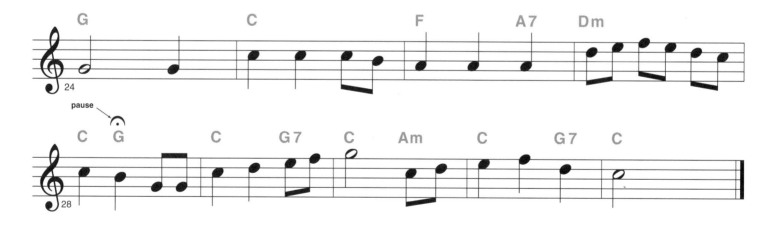

AUTRES RYTHMIQUES

L'attaque aller-retour que vous avez déjà travaillé en croches peut également fonctionner pour cette rythmique. En pratiquant l'exercice suivant, gardez le poignet souple et détendu. L'aller-retour sera beaucoup plus rapide et plus facile à effectuer si vous bougez seulement le poignet, plutôt que le bras en entier. Ce mouvement de poignet est comparable au geste que vous faites en remuant de l'eau dans un récipient.

L'ATTAQUE ALLER-RETOUR BASIQUE

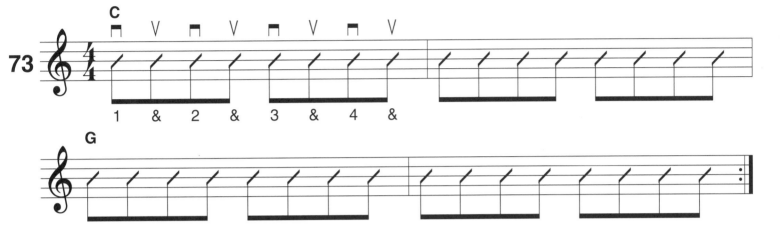

VARIANTES

L'attaque aller-retour basique peut être modifiée en n'attaquant que la séquence aller ou « et » du premier temps. Veillez à maintenir le mouvement aller-retour tout en n'attaquant pas sur le « et » du premier temps.

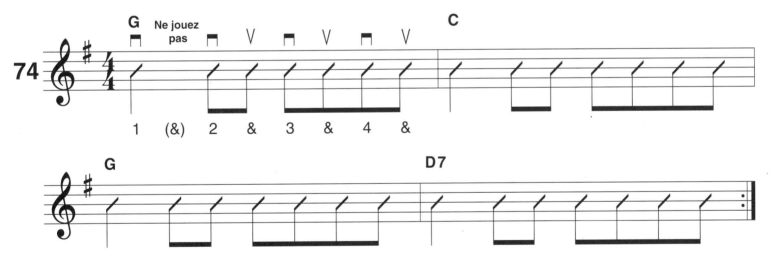

Cette variante omet deux attaques aller. Continuez à attaquer les cordes mais ne jouez pas sur le « et » des temps 1 et 3.

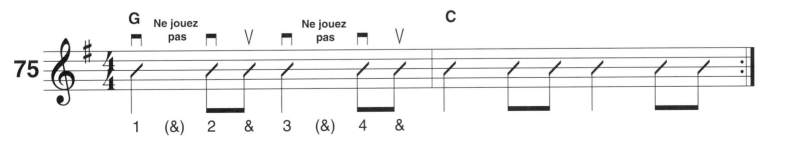

L'ACCORD DE Em

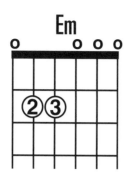

L'accord de E (Mi) mineur est l'un des plus faciles à jouer sur la guitare. Arrondissez la main et jouez avec le bout des doigts pour éviter de toucher les autres cordes à vide.

76

PISTE 38
LENT & RAPIDE

HEY, HO, NOBODY HOME

England

77

Hey, ho, no - bod - y home. Meat, nor drink, nor

mon - ey have I none, yet will I be mer - ry. (ry.)

PISTE 39
LENT & RAPIDE

SHALOM CHAVERIM
(Peace, My Friend)

Israel

78

Sha - lom, cha - ve - rim! Sha - lom, cha - ve - rim! Sha - lom, sha -

lom! Le - hit - ra - ot, le - hit - ra - ot. Sha - lom, sha - lom.

PASSAGES D'ACCORDS

Si, en passant de tel accord à tel autre, un ou plusieurs doigts continuent de fretter la même note, laissez-le(s) en place. Dans la progression suivante, un doigt demeure commun entre les accords de G et de Em, ainsi qu'entre ceux de C et de D7.

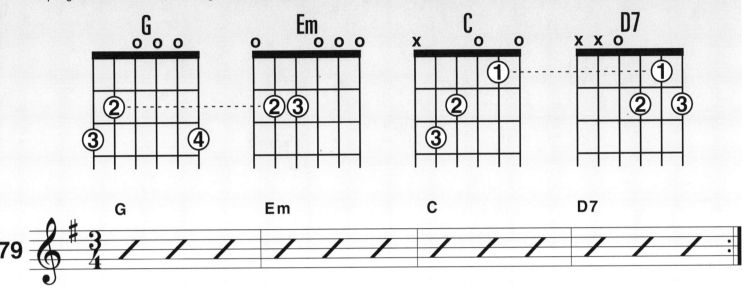

Pratiquez les progressions d'accords que voici jusqu'à être parfaitement à l'aise, sans marquer d'hésitation entre chaque changement. Essayez de déplacer vos doigts vers un nouvel accord en un mouvement d'ensemble uniforme, et non doigt par doigt.

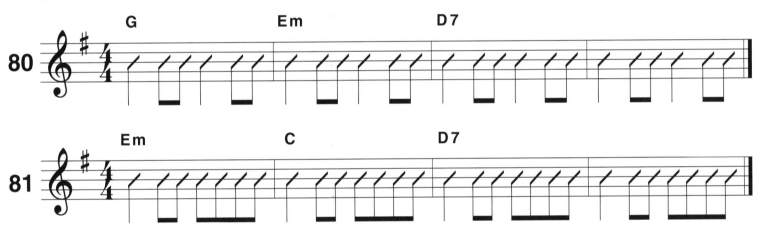

Vous pouvez varier l'attaque en alternant les aigus de l'accord avec une note de basse (habituellement la note la plus grave d'un accord, celle qui lui donne son nom). Ce type d'accompagnement s'appelle **attaque de basse**, ou encore rythmique « boom-chick ».

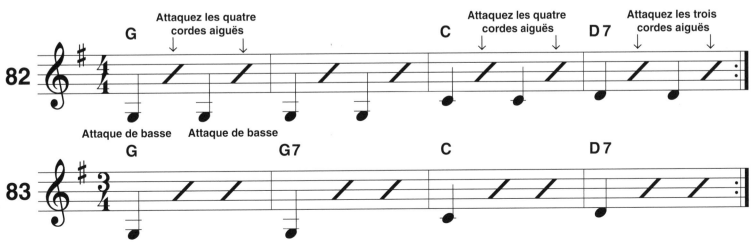

L'ACCORD DE D

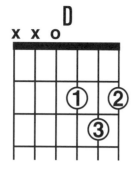

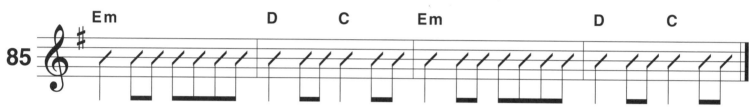

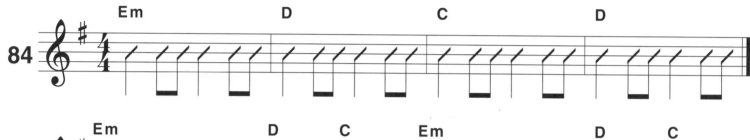

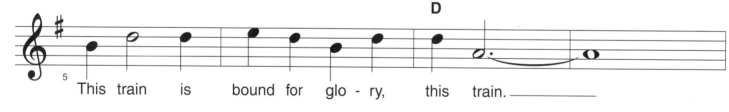

THIS TRAIN

African American

PISTE 40
LENT & RAPIDE

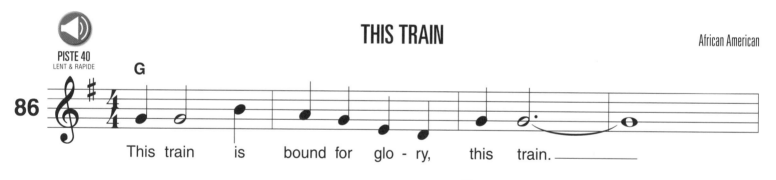

This train is bound for glo-ry, this train.

This train is bound for glo-ry, this train.

This train is bound for glo-ry, if you want to ride it you must be ho-ly.

This train is bound for glo-ry, this train.

BOOGIE BASS

L'exemple suivant illustre une variante de la technique d'attaque de basse. Cette fois, attaquez d'abord la note de basse, puis le reste de l'accord deux fois de suite.

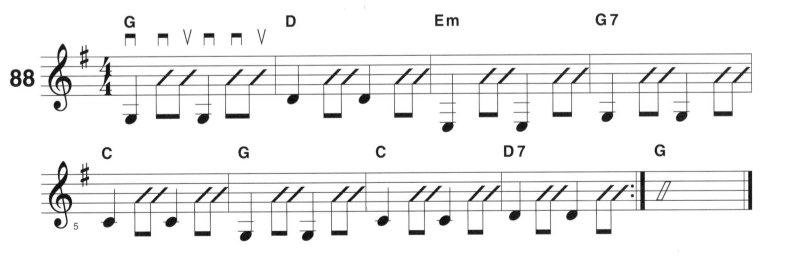

Pratiquez ces attaques avant de jouer « Simple Gifts ».

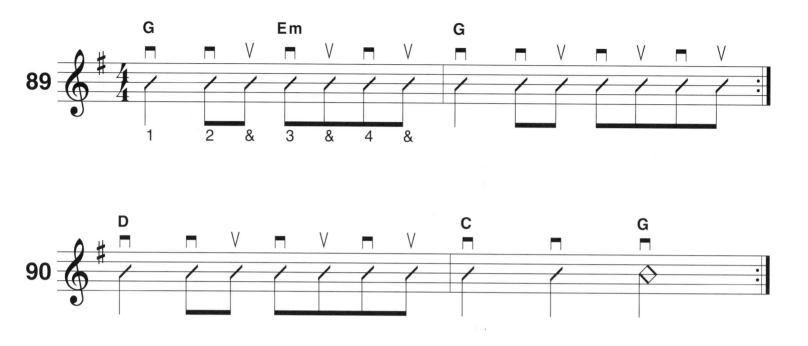

Sur « Simple Gifts », vous pouvez jouer la mélodie (partie 1), la ligne d'harmonie (partie 2), ou l'accompagnement harmonique.

SIMPLE GIFTS

Shaker Song

PISTE 42
LENT & RAPIDE

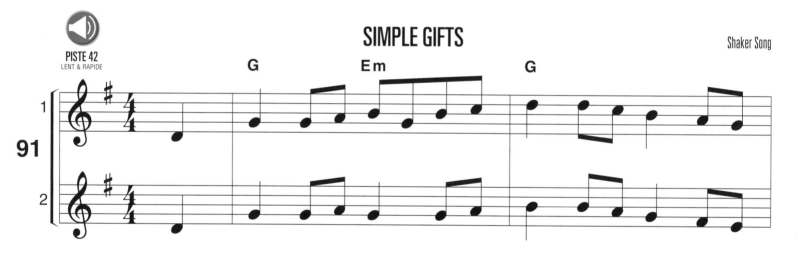

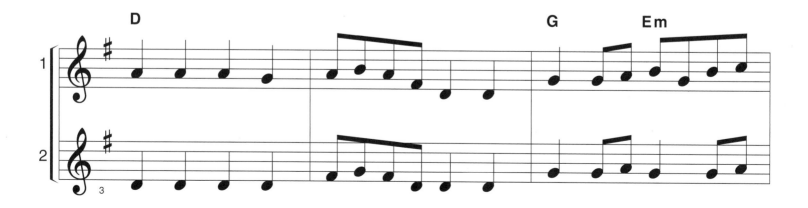

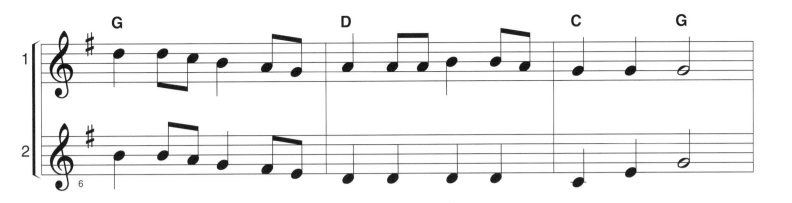

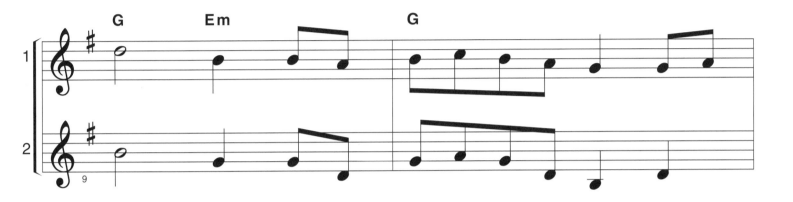

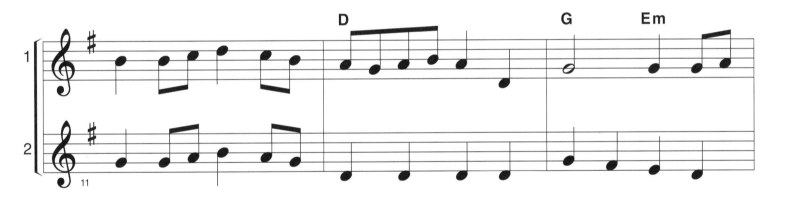

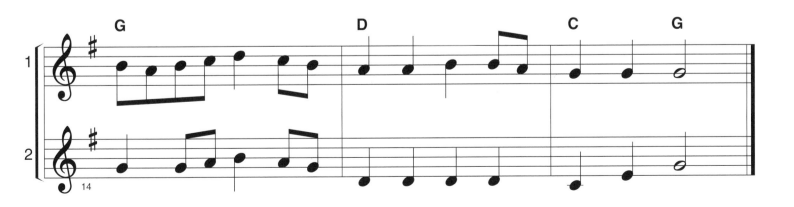

C-DIÈSE (C#)

C#

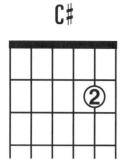

C#

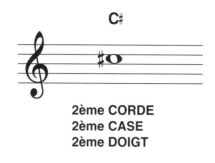

2ème CORDE
2ème CASE
2ème DOIGT

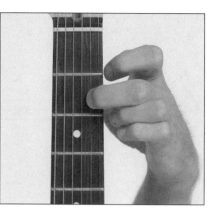

92

93

ROCKIN' BLUES

PISTE 43

94

L'ACCORD DE A7

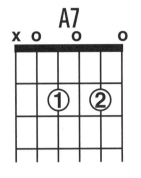

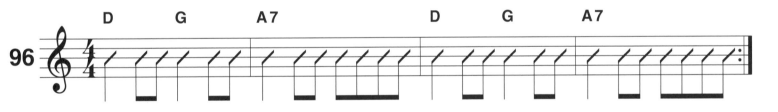

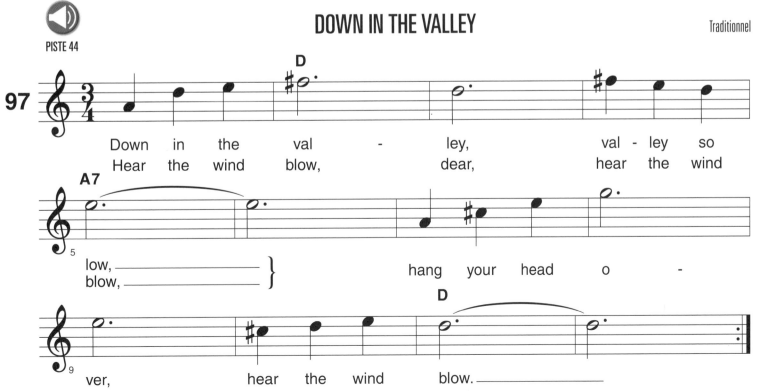

PISTE 44

DOWN IN THE VALLEY

Traditionnel

Down in the val - ley, val - ley so
Hear the wind blow, dear, hear the wind

low, ____
blow, ____ hang your head o -

ver, hear the wind blow. ____

MENUET EN G

J.S. BACH

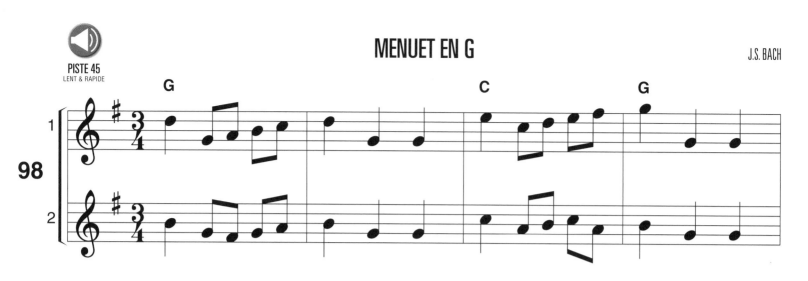

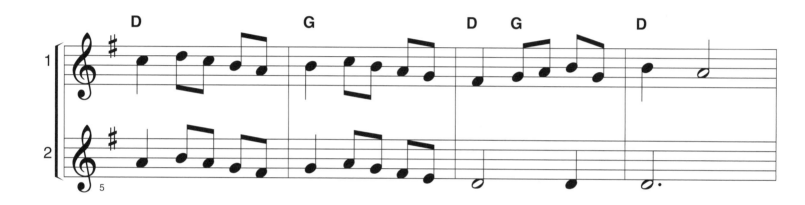

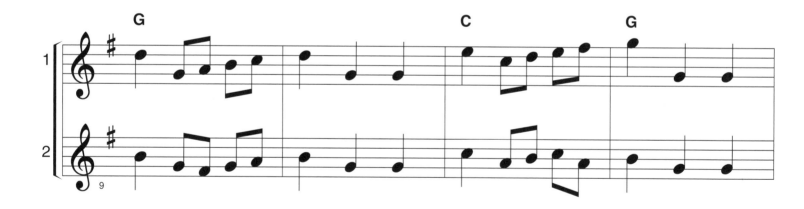

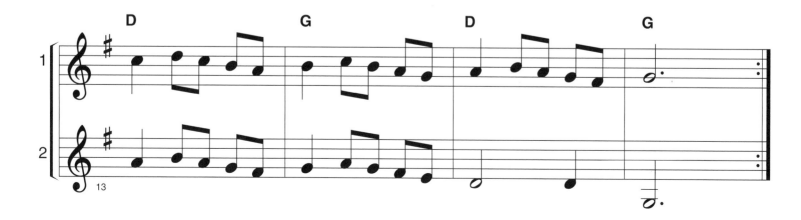

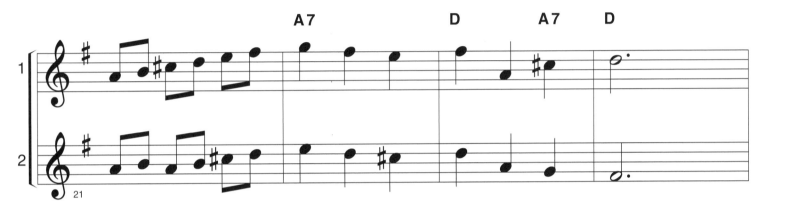

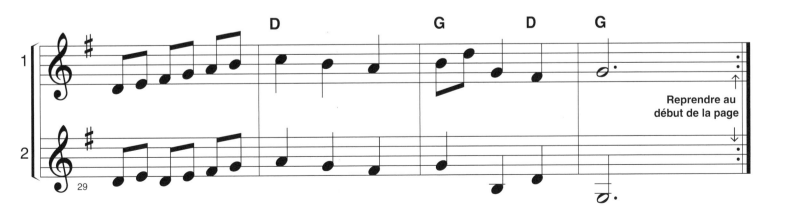

Reprendre au
début de la page

TIME IS ON MY SIDE

Jerry Ragovoy

GRAND FINALE

TABLEAU D'ACCORDS

Vous trouverez dans le tableau que voici tous les accords que vous avez appris dans ce livre, ainsi que plusieurs des autres accords courants que vous pouvez être amené à rencontrer quand vous jouez.

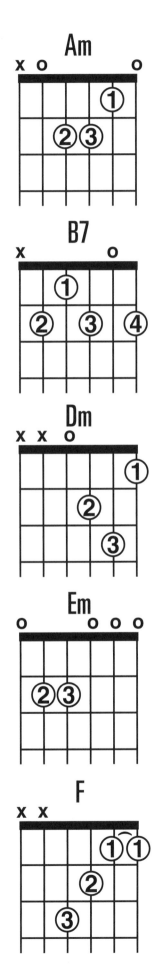

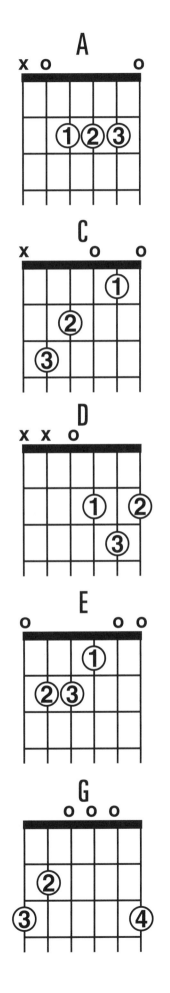

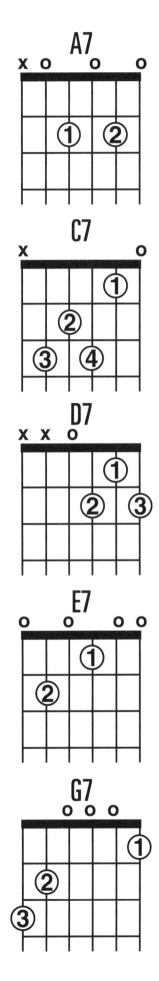